Carl Spitzweg

Und abends tu ich dichten

Gedichte und Zeichnungen

Herausgegeben von
Eckhard Grunewald

Deutscher Taschenbuch Verlag

Originalausgabe
Dezember 1997
© 1997 Deutscher Taschenbuch Verlag GmbH & Co. KG,
München
Umschlagkonzept: Balk & Brumshagen
Umschlagbild: ›Der arme Poet‹ (1839) von
Carl Spitzweg (© AKG, Berlin)
Gesetzt aus der Bembo 9,5/11 (QuarkXPress)
Satz: KCS GmbH, Buchholz/Hamburg
Druck und Bindung: C. H. Beck'sche Buchdruckerei,
Nördlingen
Gedruckt auf säurefreiem, chlorfrei gebleichtem Papier
Printed in Germany · ISBN 3-423-20093-6

INHALT

VORWORT
7

Ich als Dichter
15

Ich als Maler
25

Mein Namenstag
35

Mein Schatz
45

Mein Weisheitszahn
57

Meine Zeit
65

Bauern- und Stadtleutregeln
81

Frühling – Sommer
97

Herbst – Winter
111

ANHANG

Textnachweis 129

Bildnachweis 130

Inhaltsverzeichnis 131

VORWORT

Carl Spitzwegs (1808–1885) im Jahre 1839 geschaffener ›Armer Poet‹ – allgemein als Abbild weltfernen Dichter- und Denkertums geschätzt und vielfach als Zeugnis »deutscher Innerlichkeit« mißverstanden – gehört heute zu den bekanntesten Werken des Münchner Malers, ja zu den populärsten Gemälden des 19. Jahrhunderts überhaupt. Weit weniger bekannt ist daneben die Tatsache, daß der Schöpfer des ›Armen Poeten‹ selbst eine beträchtliche Anzahl Gedichte hinterlassen hat, von denen zu seinen Lebzeiten keines in die Öffentlichkeit gelangt ist. Erst 1913 machte der Spitzweg-Biograph Hermann Uhde-Bernays einen Teil der Verse der Allgemeinheit zugänglich (›Carl Spitzweg, Des Meisters Leben und Werk‹, München 1913 u. ö.); hieran schloß sich 1918 der Band ›Neues von Spitzweg‹ an. Die beiden Veröffentlichungen Uhde-Bernays' wurden 1958 durch die von Wilhelm Spitzweg herausgegebene Sammlung ›Der unbekannte Spitzweg‹ ergänzt; als Nachtrag erschien 1962 die von Siegfried Wichmann entdeckte tragikomische Romanze vom ›Radi und der gelbn Rubn‹ in der Faksimile-Ausgabe der ›Leibgerichte des weiland Apothekers und Malerpoeten Carl Spitzweg‹ (München 1962 u. ö.).

Zu seinen Lebzeiten kursierten Spitzwegs Gedichte ausschließlich im Kreise seiner Münchner Freunde und Verwandten. Ein Großteil dieser Verse ging im Laufe der Zeit verloren; von vielen sind die Manuskripte durch den Autographenhandel in alle Welt verstreut. Den Grundstock der heute noch im Original zugänglichen Spitzweg-Gedichte bilden die in der Bayerischen Staatsbibliothek München aufbewahrten (meist an Anna Bronberger, die Nichte des Malerpoeten, gerichteten) Verse: Viele von ihnen werden in der vorliegenden Ausgabe gedruckt; die nicht im Manuskript zugänglichen Gedichte sind den oben genannten Sammlungen entnommen.

Schon früh hat sich Spitzweg in der Reimkunst versucht; aus den 20er Jahren des 19. Jahrhunderts sind erste Gedichte erhalten – konventionell und aufwendig wie die Verse des 13jährigen zum Geburtstag seines Vaters:

> … Und der Ew'ge, der das Schicksal lenket,
> Hör' das Fleh'n für unsers Vaters Glück,
> Jede Freude, die er andern schenket,
> Kehre hundertfach auf ihn zurück.

Vielleicht unter dem Einfluß des in den verschiedensten Künsten mit Erfolg dilettierenden Franz von Pocci (1807–1876), dem ein anerkennender Vierzeiler gewidmet ist (S. 24), gelangte Spitzweg später zu dem für ihn charakteristischen unpreziösen, in manchem seiner versteckt ironischen Malweise korrespondierenden Stil. Vorbild für die Gedichte in oberdeutscher Mundart waren daneben die Verse Franz von Kobells (1803–1882), der – angeregt von Johann Peter Hebels ›Alemannischen Gedichten‹ – dem oberbairischen Dialekt Eingang in die Literatur zu verschaffen suchte. Spitzweg ging es bei seinen Reimereien freilich weniger um die grammatisch-phonetisch korrekte Wiedergabe der bairischen Mundart; er spielte vielfach nur mit den hier gebotenen Ausdrucksmöglichkeiten und wechselte die Sprachebene nicht selten innerhalb eines Verses: »Hätte er, der das Malen zwar auch nicht ganz als Beruf betrachtet hat, sich vielleicht entschlossen, das Dichten als seinen Beruf anzusehen, so wäre möglicherweise unsere leider geringe Auswahl altbayerischer und Altmünchener Dialektpoesie neben Pocci und Kobell um einen dritten Dilettanten reicher« (Uhde-Bernays).

Neben dem dialektgebundenen Schnaderhüpferl gehörte eine besondere Vorliebe des Malerpoeten dem aphoristischen Distichon. Spitzweg, der 1839 auf seinem Bild des ›Armen Poeten‹ den mühsam skandierenden, klassischem Formengut verhafteten Verseschmied verspottet hatte, stand seinem eigenen Hang zu Hexameter und Pentameter nachsichtig lächelnd gegenüber. In einem Brief an Friedrich Pecht parodierte er sich am 26.8.1884 selbst in der Pose des großen Dichters: »Gerade fällt mir noch ein, daß ich einst ein Distichon schrieb; es steht in meinen Gedichten, 17. Band, 13. Aufl. (in der 11. Auflage blieb es *unlieb* weg):

Der Virtuose

Glänzest du hell, Virtuos',
    dann müssen auch d' Stief'l lackiert sein –
Wärst du ein Autorgenie,
    könntest in Juchten du geh'n.«

Der erhabene Inhalt und die große Form waren – wie er
selbst eingestand – nicht seine Stärke: »Hab' auch ein paarmal
versucht, mich geplagt, eine Ode zu schreiben, / Ode wurd' es
zwar nicht, stets aber sehr odios!« (S. 18). Spitzweg blieb im
wahrsten Sinne des Wortes ein Dilettant, der seine schlichten
Verse niederschrieb, um sich »ein klein Plaisir« (S. 17) zu
machen. Der Grenzen seiner Begabung stets bewußt, reihte er
sich bescheiden in die »Zahl der Dutzenddichter« (S. 17) ein,
die von ihren Versen »das meiste wieder streichen« müssen
(S. 22):

Gedanken, weisheitsvoll,
Wenn ich sie jemals hab':
Sie brachen immer mir
Beim Bleistiftspitzen ab!

Anregungen zu seinen Gedichten nahm der Vielbelesene
(»… bei einem Antiquar hier hab' ich im Vorübergehen beiläu-
fig $^1/_2$ Zentner [Bücher] erstanden«) von überall her. Respekt-
los formte er Schillers ›Räuberlied‹

Ein freies Leben führen wir,
Ein Leben voller Wonne.
Der Wald ist unser Nachtquartier,
Bei Sturm und Wind hantieren wir,
Der Mond ist unsre Sonne,
Mercurius ist unser Mann,
Ders Praktizieren trefflich kann.

> Heut laden wir bei Pfaffen uns ein,
> Bei masten Pächtern morgen;
> Was drüber ist, da lassen wir fein
> Den lieben Herrgott sorgen …

zu einem Klagegesang auf verregnete Ferientage am Kochelsee um (S. 108):

> Ein spaßigs Leben führen wir,
> Ein Leben ohne Sonne.
> Dös anzi is no 's Kellerbier –
> Is unsre ganze Wonne.

> Heut nehmen wir a Paraploi,
> A Regendachl morgen.
> Z'letzt lassen wir a Arche Noi
> Noch für uns alle bsorgen …

Oder er parodiert das hehre Thema des Liebestodes in der Romanze vom ›Radi und der gelbn Rubn‹ (S. 100), die – ähnlich den beiden Königskindern des Volksliedes – nicht zusammenkommen können, weil sie »von an kloan Bacherl trennt (werdn)«, und schließlich in einer den Nutz- und Nährpflanzen angemessenen Weise »tragisch« untergehen.

Spitzweg lebte nicht – wie manche seiner Bilder glauben lassen mögen – in einem »Malerparadies« fernab der Wirklichkeit; er beobachtete vielmehr das Geschehen seiner Zeit mit wachem kritischem Auge. Hiervon zeugen nicht nur die (mit eigenen Texten versehenen) Karikaturen in den Münchner ›Fliegenden Blättern‹ der Jahre 1844–1852, sondern auch die teilweise bissig-ironischen Verse auf politische Ereignisse der Folgezeit. So verspottete er die Einführung des bürokratischen Personenstandsgesetzes 1875 in seinem ›Frühlingslied Nr. 17‹ (S. 99), dessen »Maikäferidyll« durch unvermittelt einsetzende Amtsprosa jäh zerstört wird, und wandte sich gegen die Unterdrückung des Karmeliterordens (S. 67), indem er – mit dem Doppelsinn des Wortes ›Karmelitergeist‹ spielend – die Inkonsequenz der Maßnahmen anprangerte, mit denen man den

Geist der Karmeliter bannen, jedoch zugleich den Karmeliter-
geist (Spiritus melissae compositus cecc. Pharmacop.) behalten
wollte. Eine kritische Einstellung zur kirchlichen Dogmatik
verraten die Verse (S. 34), in denen Spitzweg Kunstwerken wie
Tizians ›Himmelfahrt Mariens‹ die Schuld am Zustandekom-
men des (vielfach umstrittenen) Glaubenssatzes von der leibli-
chen Aufnahme Marias in den Himmel zuschiebt. Seine Künst-
lerkollegen, die wie der Münchner Malerfürst Franz von
Lenbach bei ihren Kompositionen gern auf Photographien
zurückgriffen, verspottete er in einem Epigramm (»Übrigens,
wunderbar bleibt, wie doch die Maler, die alten, / *Ohne* die
Photographie brachten es wirklich so weit«) und mokierte sich
schließlich in seiner ›Neuesten Wiener Charade (3silbig)‹ über
den Wagner-Kult seiner Zeitgenossen:

> Die erst Silbn is a Viech,
> Die zwoat san Viecher,
> Die dritt san Viecher,
> Wers ghört hat, is a Viech,
> Wers gmacht hat, is a a Viech.
> (Lösung: Walküre)

Auch Ereignisse der großen Politik wie der deutsch-französi-
sche Krieg von 1870/71 ließen Spitzweg zur Feder greifen; in
den Versen des allem nationalen Pathos abgeneigten Malers der
strumpfstrickenden, gähnenden und schlafenden Wachposten,
der das Militärwesen nur in der Form von Platzkonzerten gou-
tierte, verlieren freilich selbst chauvinistisch klingende Parolen
wie »Dö Franzosen – dö Lumpen – / Kriegn schon alle 's
Laxiern« (S. 70) ihren säbelrasselnden Charakter, gerät die Ver-
wünschung des französischen Kaisers zur komischen Pointe
(S. 73):

> Wann i 'n hätt den Napolibon,
> Ja, glei tot tät i 'n schlagn
> Und vergiften und köpfa
> Und zum Land aussi jagn!

Aus der Spätzeit des Malerpoeten ist eine Vielzahl Lebensre-
geln, Kalendersprüche, Kapuzinerpredigten und aphoristischer
Stammbuchverse überliefert. Spitzweg, der von sich behauptete
»Allweil hat mir vor Weisheit bangt: / An *Zahn* hats ghabt auf
mi!« (S. 59), ließ es sich nicht nehmen, seine Philosophie des
einfachen Lebens immer wieder in Verse zu fassen. Vereinzelte
Mahnungen zur Vita activa (»Im Schaffen nur find Freud und
Glück, / Laß keine Müh dich reuen!«) werden dabei von Emp-
fehlungen einer weniger ambitionierten Lebensführung in den
Hintergrund gedrängt (S. 63):

> Willst du ein Weilchen selig sein,
> So leg dich auf den Bauch
> Dort in die nächste Wiese 'nein,
> Inmitt' der Blumen Hauch!

In Ratschlägen wie »Umarme hienieden / Die Gegenwart
froh« (S. 62) oder »Wenn dir's vergönnt je, dann richt es so ein, /
Daß dir ein Spaziergang das Leben soll sein!« (S. 60) spiegelt sich
die Lebenssicht eines Mannes, der − von materiellen Sorgen
weitgehend befreit − ein zufriedenes Dasein in stiller Beschei-
denheit führen konnte. Spitzweg suchte und fand sein Glück im
Kleinen: Die Lektüre eines Buches in der Ruhe und Abge-
schiedenheit seines ›Stübchens‹ (S. 64) zog er »geselligen Krei-
sen« vor, die schlaflose Nacht versüßte er sich mit dem Gedan-
ken an den Morgenkaffee, und des ›Genügsamen Trost‹ (S. 62)
angesichts nicht eben überquellender Reichtümer waren »Mär-
zenbier und Heringe gebraten«. Bis ins hohe Alter hielt
Spitzweg an seiner bescheidenen Lebensweise fest und hatte
nur den Wunsch, »'s mög' noch a Weil' so währen« (S. 113).

Zu den schönsten Zeiten des Jahres gehörten für den Maler-
poeten die frühsommerlichen Ferienwochen, die er (seit 1869)
wiederholt mit seinem Vetter Heinrich Bronberger und dessen
Töchtern Anna und Maria zu Benediktbeuern im Hause des
Uhrmachers Rost (S. 104) verbrachte. In der heiter-gelösten
Stimmung dieser Tage entstanden viele seiner besten und ori-
ginellsten Schöpfungen − neben gereimten Tageszeitungen,
Kochrezepten und Festtagsgrüßen auch ›Bauernregeln‹ wie

»Die Dächer, wenn im Juni naß, / Deutet schon auf Regen das«
(S. 85) oder »Wenn vor St. Colprian die Radi graten sind, /
Deutet es schon stark auf Wind« (S. 88). Selbst dem oftmals
nicht enden wollenden »S--regen« (S. 107) wußte Spitzweg eine
komische Seite abzugewinnen (S. 110):

> Is da a Wetter! Hui!
> Da kann ma sagen: pfui!
> Auf so a Wetter, ah oui!
> Reimt sich nix als Paraplui!

Ein großer Teil der erhaltenen Gedichte Spitzwegs ist an Anna
Bronberger, die Tochter seines Vetters Heinrich, gerichtet.
Neben scherzhaften Versen finden sich hier zahlreiche Liebes-
lieder des über 60jährigen an seine fast 50 Jahre jüngere Nichte.
Der Wunsch nach Erhörung und das gleichzeitige Bewußtsein
der Aussichtslosigkeit bestimmen den zwiespältigen Charakter
dieser Gedichte, die bei aller Heiterkeit die Trauer über versag-
tes Glück nicht verbergen können. Die liederreiche einseitige
Romanze endete erst mit der Verlobung Annas mit dem Kauf-
mann Balthasar Frank:

> Die Holde, die durch Spiel und Sang
> Uns oft das Herz erwärmt –
> Ach – sie – für die ein Leben lang
> Gar manches Herz noch schwärmt:

> Sie lacht ob unserm Liebesschmerz,
> Sie will nicht tausend Dank –
> Für alles – für ihr kostbar Herz –
> Begehrt sie – – – einen Frank.

In wehmütiger Gelassenheit sah der Malerpoet nunmehr den
Winter seines Lebens auf sich zukommen. Allenthalben mach-
ten sich Vorzeichen des nahenden Endes bemerkbar: Der alte
Schlafrock (S. 116) zerfiel, der Hexenschuß (S. 119) quälte, vor
allem aber zeigte die Blöße des Hauptes (S. 114), die er auf Bild-
nissen und Photographien gern zu verbergen suchte, daß die

Zeit nicht aufzuhalten war. Auch das Dichterroß wollte sich nicht mehr wie vordem fügen; in einem seiner letzten Briefe an Friedrich Pecht klagte Spitzweg: »Bezüglich des Pegasus ist's bei mir eine eigene Sache ... Ich gehe im Zimmer hübsch prosaisch in Filzschuhen, wenn's draußen 25° im Schatten hat, gleichviel, oder wenn mein übel beleumundeter und verhöhnter Thermometer 13° zeigt, und höchstens reib' ich mir in Jambenbewegung meinen Parmesankäs zur Reissuppe – das ist jetzt schon bald die ganze Poesie meines Lebens. ›Genügsam lieb' ich den Münchener!‹« Spitzweg hat seinen Platz in der Welt ungern verlassen, aber er fügte sich ohne Groll und Bitterkeit des Alters in das Unabwendbare. Die Schlußverse seines wohl letzten Gedichts, das die Freunde auf dem Tisch des am 23. September 1885 verstorbenen Malerpoeten fanden, zeugen vom versöhnlichen Ausgang eines harmonisch-zufriedenen Lebens:

> Doch will getrost ich wandern,
> Und wird der Vorhang fallen,
> So gönn' ich gerne andern,
> Den Frühling neu zu malen.

Eckhard Grunewald

ICH ALS DICHTER

Ich als Dichter

Wenn ich den Tag schon opfre doch
Rein nur Vergnügens Sachen,
So will ich wenigst' abends noch
Ein klein Plaisir mir machen.
Ich bitt', du mußt nun hier vor all'n
Auf jeden Scherz verzichten;
Am Tage nämlich tu ich mal'n,
Und abends tu ich dichten.
Ich dicht' auch emsig jeden Tag,
Nicht ohne ihn zu malen,
Ganz gleich, wenn es zuletzt auch mag
Gar manchem nicht gefallen.
Gehör' zur Zahl der Dutzenddichter
Und will auch für die Zeilen nichts,
Das Honorar in Weis', in schlichter,
Bereits bezahlt ist's mir – ich dicht's.
Zum täglich Brot gehört mir Dichten,
Und bring' ich's auch nicht zu Papier,
Muß auf Verleger ich verzichten –
Der Selbstverlag bleibt selig mir.

***

Hast der Gedanken in Füll',
    doch schwer ist's, in Form sie zu bringen,
Unter dem Formen stirbt
    oft der Gedanke dir ab.

***

Hab' auch ein paarmal versucht,
    mich geplagt, eine Ode zu schreiben;
Ode wurd' es zwar nicht,
    stets aber sehr odios!

***

»Schicken Sie mir Papier – 2 Ries!«
»Die Hälfte dürfte, Herr Dichter, reichen!«
»Wo denken Sie hin, schnell verschrieben ist dies,
Muß ja das meiste wieder streichen.«

***

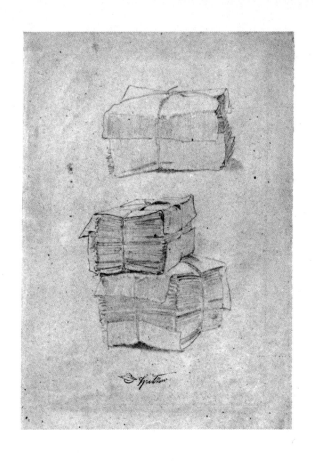

Und wennst Versl willst macha,
Gehts oft wie in Wirtshaus,
Da ganga ihna a diemal
A d' Hirnpafesen aus.

»Was? Pafesn gibts nimmer?«
So schrein nachher d' Leut. –
»No so eßts halt was anders«,
Sagt der Wirt, »seids do gscheit!«

»Was gscheit? Pafesn wolln mir,
Mir san«, schreins, »koani Narrn« –
Und da bleibt z'letzt nix über,
Als ma kocht gschwind den Schmarrn.

Und so gehts mit die Vers a oft,
Bsinnst di hinum und herum,
Und wennst di hast bsunna,
Bist grad no mal so dumm!

Willst z. B. singen von Apferln,
Tut der Reim di vexiern,
's reimt sich nur Zapferln und Krapferln –
's is rein zum Krepiern! …

***

Hirnpafesen: mit Hirn gefüllte Semmelschnitten.

Das Schönste, was der Dichter singt,
Unmöglich ist's zu malen!
Das Schönste, was der Maler bringt,
Mit Worten nicht zu lallen!

***

Dein Gedicht zum Revidieren
Traue keinem Dichter an!
Wie bei Malern könnt's passieren,
Daß der Meister malt daran!

***

Das Wissen ist ein schöner Schrein,
Die Kunst legt erst den Schatz hinein.

***

Ist er endlich entdeckt,
    so heitert sich jedes Gemüt auf
Und erblickt im Gedicht
    doppelt erfreulichen Sinn.

***

Gedanken, weisheitsvoll,
Wenn ich sie jemals hab':
Sie brachen immer mir
Beim Bleistiftspitzen ab!

***

An Pocci

Was hebt und engt die Menschenbrust,
Zu sagen, ist *euch* unbenommen!
Doch er, er singt voll Herzenslust:
»Die *Kleinen* laßt mir kommen!«

***

Franz von Pocci (1807–1876): Illustrator, Dichter von Kasperlestücken, Lyriker,
Übersetzer und Komponist.

ICH ALS MALER

Ich als Maler

Bleiben alle unser Lebtag wir Studenten:
Ich bin Doktor – meine Bilder Patienten!
Daß auch viele mir schon in der Kur gestorben,
Hat die Lust mir am Kurieren nie verdorben;
Aber leider sehen meine Patienten
Nicht als *Doktor* an mich, sondern als *Studenten*!

***

Maler-Schnadahüpfel

Z'erst tuat ma's patiern,
Drauf kimmt dö Lasur,
Und durch dös Lasiern
Werds grad wia d' Natur!
   Hu-i-di-e, Hu-i-di-e!

Z'letzt nimmst no a Farb her,
Die d'Augn recht daschreckt,
Die streichst nocha dick hi –
Dös hoaßt ma 'n Effekt!
   Hu-i-di-e, Hu-i-di-e!

Nur Farb drauf in Häufn,
Als wann gmauert wer'n müaßt,
Daß d' Nachwelt kann greifen,
Wann d' Farb eppa schiaßt!
   Hu-i-di-e, Hu-i-di-e!

A Leinwand hon i aufgspannt
So glatt und so fein –
Ja, komponieren kunnt i schon, woaßt,
Aber's fallt ma nix ein!
   Hu-i-di-e, Hu-i-di-e!

Jetz glaub i in koan Fall,
Daß i net weit mehr fehl –
Morgn steht mir dö dick Köchin
Als Psyche Modell!
   Hu-i-di-e, Hu-i-di-e!

Na, jetz bin i im Zweifel:
Schaugt t' Psyche so aus?
Z'letzt, hol mi der Teufel,
I mach a Sennerin draus!
   Hu-i-di-e, Hu-i-di-e!

Ja, es is ja wahr a,
In Kritisieren, do sans fix –
Aber selba was macha?
Na – macha könnas nix!
   Hu-i-di-e, Hu-i-di-e!

Beim Maln wia beim Dichtn
Is allweil oan Gschicht:
Es soll si halt raima –
So is a Gedicht!
   Hu-i-di-e, Hu-i-di-e!

***

Ich mußte gleichwohl sinnen,
Wenn nichts ich auch ersann;
Hab' lange so gesonnen,
Merk' nun, daß ich nichts kann,
Und komm' am Lebensende
Als *Lehrling* wieder an!

***

Malergespräch

Ich:
»O Himmel, ist die Kunst doch schwer!
Die Göttin spröd, die dralle!«

Schwind:
Ja, Lieber, wenn so leicht es wär',
Die Luder malten alle!«

***

Leben ist: die Lust zu schaffen,
Anders Leib und Seel erschlaffen.

***

Im Schaffen nur find Freud und Glück,
Laß keine Müh' dich reuen!
Und was du schufst, blickst einst zurück,
Soll andere stets erfreuen!

***

Und komme auch,
Was es da sei;
's ist Künstlerbrauch:
Der Kunst bleib treu!

***

Moritz von Schwind (1804–1871): Maler und Graphiker, in den letzten Lebens-
jahren enger Freund Spitzwegs.

Der Maler im Gebirge

Versteckt zwischen Obstbam
Ganz hoamli am Bach
Steht drübn a brauns Häuserl,
Ma siecht nix als 's Dach.

Blau steigt der Rauch außa
Beim kloana Kamin,
Und 's Brunnerl tut platscheln,
Schwimmt Lindenblüh drin.

Vom Berg ra, vom Kircherl
Hörst d' Orgel und Gsang,
Wanns 's Glöckerl tean läutn,
Da hört ma an Strang.

Weit drunten vom Kloster
Tuens Antwort herauf,
Da summt die groß Glocken
Bis z'höchst in Berg nauf.

Und oben die Berg hoch,
Hoch oben in der Luft
Da glanzt a Herd Lamperln
Wie Silber im Duft.

Und d' Lamperln, die spiegeln
Sich wider im Bach,
Da siech i s' drin schwimmen,
A Bleamerl schwimmt nach.

Und no oans und wieder oans,
Allweil mehr hinterdrein;
Wer wirft denn die Bleamerln
In Bach allweil nein?

Drübn steht a jungs Deandl,
A Gsichtel wie Wachs
Und Augen wie Kerschen
Und Haar als wie Flachs.

»Du narrischa Maler«,
Sagts, »schlaf nur net ein,
Da vorn is da Steg«, sagts,
»Geh umma, kehr ein!«

***

Jetztzeit

Billig ist die Klassizität
    auch jetzt noch so ziemlich in Ehren;
Unseren Firnis und Glanz
    kannten die Alten noch nicht!

Übrigens, wunderbar bleibt,
    wie doch die Maler, die alten,
Ohne die Photographie
    brachten es wirklich so weit.

Der Architekt baut 's Haus!
Die *drinnen* schmücken's aus!

***

Tizians Himmelfahrt Mariens

Hättst du doch, goldner Tizian,
(Und mit dir auch noch andre)
Gemalt nicht, wie so himmelan
Maria leiblich wandre;
Hättst du dies Frauenkonterfei
So himmlisch nicht beschrieben:
Ein Dogma wär' – ich bleib' dabei –
Vielleicht erspart uns blieben.

***

MEIN NAMENSTAG

A schöner Tag im langen Jahr
Ist stets ein Namenstag;
I kenn koa schöners Fest fürwahr,
Was oans a sagen mag.

Um zwölfi nachts schon geht er an,
Ma schlaft gut – wie a Prinz –,
Und glücklich, der sich sagen kann:
»Der Namenstag: ich bins!«

Oft aber stehlns den Schlaf oan weg,
Eh d' Sunn is no erwacht,
Mit Trummeln kummens rum ums Eck,
A »Ständl« werd dir bracht.

Die Herrgottsakramenter die!
Solch Lärm in aller Fruah!
Du hörst a gar net fragen sie:
»Habn S' gschlafn a schon gnua?«

Doch is der Tag a mal itz da
Und d' Sunna glanzt schon hell
So aus den blauen Himmel ra,
Da dankst Gott auf der Stell.

Und denkst dir: Hättens di net gern,
So tatens net aso!
's soll a so bald net anders werdn,
Dann bleibn wir alle froh!

***

37

Heut soll sich die Sonne entschleiern!
Heut soll sich der Frühling erneuern!
Auf Schwingen von Adlern – nicht Geiern –
Soll'n 1000 Schiffe mit Festgruß hersteuern
Durch die Lüfte – von Friedberg und Weiern,
Von Glückstadt und Scheiern –
Und 1000 Damen mit Büschen von Reihern,
In Moden, in alten und neuern,
1000 Bräute und Mädchen mit Freiern,
1000 solche, die worn Grummetn einheuern
Und sonst zu Haus putzen und scheuern,
Auch 1000 Kinder mit Einsern und Zweiern,
Alle die soll'n heut herbeiern,
Und alle soll'n Glückwünsch ableiern,
Soldaten, lebendig – nicht bleiern –,
Soll'n 1000 Kanonen abfeuern
Heut am Namensfest des Teuern,
Der da droben in Benediktbeuern
Den Tag will inkognito feiern!

Vivat hoch!

Ich aber bin selbst zu bescheiern,
Meinen Glückwunsch als den besten zu begeiern,
Im Gegenteil, ich will jetzund schweiern
Und bitt', mir gütigst zu verzeiern.

***

Namensfest betreffend

Viel zu schaffen machen den Dichtern der deutschen Nation
Die vielen Wortreime auf AZION –
»Und dies bringt viel Freudiges, wenn auch Trauriges schon«,
Sagt der heilige Sankt Pankration.
Den Buben in der Schul' schon schreckt die Deklination
Den Militär die Degradation,
Den Erfinder die Imitation,
Den Kranken die Konsultation,
Die Blutegel-Applikation,
Noch mehr die Operation,
Den Ketzer die Exkommunikation,
Den Verdächtigen die Akkusation,
Den Schuldigen die Damnation,
Den Verwundeten die Inflammation,
Den Ehrlichen die Defraudation;
Aber andere fühlen sich bei dem Reim
    mehr in angenehmer Situation,
Zum Beispiel: Hungrige in der Restauration,
Selbst Pferde bei ihrer Ration,
Der Reisende freut sich auf die nächste Station,
Alte Häuser auf die Renovation,
Das liebende Mädchen auf die Deklaration,
Der Unwissende wünscht Information,
Große Herren und Kerzengießer freuen sich
    auf die Illumination,
Die Diplomaten auf eine neue Information,
Die Langweiligen auf eine Konversation,
Die Halbheiligen auf eine Kanonisation,
Erfinder und Bader auf Approbation,
Die Unwissenden auf die Explikation,
Der Hilflose auf eine Rekommandation,
Der Ordensbedürftige auf eine Dekoration,
Die Geldleute auf Multiplikation,
Der Verlegene auf eine Exkusation,

Und so geht's fort mit Observation,
Purgation, Vokation und Konstellation,
Assekuration, Zivilisation und Information,
Appellation, Remuneration und Eklamation,
Konsolation, Liquidation und Rekreation,
Observation, Edukation und Liquidation,
Akklimation und Instrumentation –

Das Schönste von allen, ich weiß es schon,
Ist aber eine Gratulation:
Es gehen wahrhaft mir die Reime aus,
Auf Ehre, ich find' schier nimmer 'naus –

Aber eines reimt sich noch:
Henricus vivat – lebe hoch!

***

Henricus: Spitzwegs Vetter Heinrich Bronberger.

's lieb Annerl,
Dös kannerl
Heut 'n Namenstag feiern,
Im Herzerl
Koa Schmerzerl
In Benediktbeuern.
Alle Wünscherl
Bei an Pünscherl
Solln laut wer'n auch
Und Vivatl hoch
Und abermals hoch,
So wie's ist der Brauch.
Und *so* sollts sein,
Und so wollts sein
A halbe Ewigkeit,
Bis oan koan Namenstag
Und a sunst nix mehr freut.
Aber heut san ma heiter
Und froh und so weiter,
Wo 's Wetter so hoaß
Und Wünsch komma *so* villi,
Daß der kloa Willi
Und der groß koa mehr woaß!

Vivat hoch!
Und abermals hoch!!
Und noch einmal hoch!!!

***

Annerl: Spitzwegs Nichte Anna Bronberger.

Bei vierundsechzig
Wünschen möcht's ich,
Daß alles tät' sich so gestalten
Und alles tät' sich so verhalten
Und du selber wärest einverstanden,
Daß, wenn's vergönnt von Gottes Handen,
Es so noch täte dauern hin
Bei gesundem Leib und frohem Sinn
Bis zu vier – undneunzig.
Das wünsch' ich, das wär' einzig!
Und sollt' dir das zu wenig sein,
Stell' ich mich höchst vergnügt von Jahr zu Jahr
Mit neuen Gratulationen aus dem Jenseits ein!

***

MEIN SCHATZ

Mein Schatz is wie a Röserl!
Grad so schön lachts oan on,
Mi verdrießt nur, daß i's net
Aufn Hut stecka kon!

Mein Schatz is wie a Nagerl!
O du herzige Maus!
Gern nahm i's beim Kragerl
Und ließ's nimmer aus!

Mein Schatz is a Engel,
Tragt a hohe Frisur,
Und wenns mi net liebt sie,
Nachher irr i mir nur.

Lieb is s' wie koani,
A guts Herzl ja hats,
Singt wie die Caltanani:
Drum is s' a mein Schatz.

Und wenns sagt, daß mi net liebt,
Daß s' mi lieben a net ko:
Nachher kennts mi a gar net,
Schaut mi für einen andern o.

Und wennst oan net mögn konnst,
Warum denn grad mi?
Da kunnt oans schon fuchtig wer'n,
Malefiz sakradi!

Der Romeo in sein Julerl
War so verliabt als ana nur kon,
Und auf jeds Busserl
Hat er an Schnackla no ton.

Am 13. August i
Ins 69. Jahr kimm:
Höchste Zeit, daß i Unterricht
Im Schuhplatteln nimm!

***

Caltanani: Angelica Catalani (1780-1849), eine der bekanntesten Opernsängerin-
nen ihrer Zeit.

Du bist die schönst Arie,
Der süßeste Wein!
Wenn jung i wur, war i
Gwiß längst scho der dein.

Und du wärst die meini,
Mein Himmel, mein Stern,
Mein Lieb wär die deini,
Bis alles tät aufhörn.

Und wenn z'letzt war d'Welt berst,
Alle Sterndln auston:
Da gang unsre Lieb erst
Aufs neu wieder on.

***

Ständchen

O Holde, spät noch höre mich!
Es fiel mir eben ein,
Ich möcht' gern heut noch fragen dich:
Ist's wahr? Dein Herz ist mein?

O Mädchen, sag noch einmal mir:
Ja, ja! Mein Herz ist dein!
Dann geh' ich selig fort von hier,
Der Himmel ist dann mein!

***

Wann führt dein Traum in Himmel dich
Und ich wär' nicht dabei,
Dann bräch' mir, glaub es sicherlich,
Mein Herz inmitt' entzwei!

Was tät' ich mit den Scherben dann?
Wo wär' der, der mir's kitt'?
O Mädl, tu mir das nicht an,
Nimm mich in Himmel mit!

***

Ständchen

Dir, Holde, tief im Schlummer,
Dir sei mein Sang geweiht!
Doch nicht soll er dich wecken
Aus Traumes Seligkeit.
Die Töne, leise schwebend
Ums Atmen deiner Brust,
Sie sollen nur geleiten
Des Schlummers süße Lust!
    Stille – Stille –

Sanft träume – sanft erwache,
Und wenn dein Aug erhellt,
So finde sonnig strahlend
Noch schöner diese Welt.
    Stille – Stille –

Und ist der Sang verklungen,
Verhallet Ton und Wort,
Dann zieht in aller Stille
Der Sänger wieder fort.
Er küßt nur noch die Blumen,
Die an dem Fenster blühn,
Und nimmt mit heim im Busen
Noch heißres Liebesglühn!
    Stille – Stille –

***

Das holde Augenpaar

Wie selig, wenn ein Augenpaar,
Das Lust und Wonne spendet,
Vom Herzen in ein Herz hinein
Uns Himmelsahnen sendet!

Wie göttlich, wenn so Augen dir
Wie aus des Himmels Ferne
In dieses Lebens Jammertal
Erglänzen solche Sterne!

Des Taues Perle wird sodann
Zu einem Meer von Wonne,
Es wird das Wassertröpflein dir
Zur blendend hellen Sonne!

Wie aber, wenn ein Augenpaar,
Das Wonn' und Lust soll spenden,
Dich hart und kalt zu quälen sucht –
Statt ganz sich abzuwenden!

Du ahnest – nein – o Mädchen! nicht,
Was Ärmster ich so leide!
Nur einen mitleidlosen Blick
Auf mich, o Mädchen, meide!

Da packt den Armen böser Gram
Und zehrt an seiner Seele –
Verzweiflungsvoll – ein schwarzer Geist
Weist schaudernd auf die Schwelle.

Du fährst, ach! – – –

Hier entsinkt der Schmerz meiner Feder! Das Ende des
Gedichtes folgt im nächsten Briefe!

***

Das kranke Herz

Es gibt nicht leicht an schönern Stand
Als was a Dokter is,
Wo no an Kranken z' helfen is,
Da hilft der Dokter gwiß.

Für jeden is er, wer da will,
Für jeden, der no lebt,
Für jeden, fehlt im no so viel,
Der Dokter hat 's Rezept.

Und was a rechter Dokter is,
Der kon a no viel mehr,
A so a Dokter, der kuriert
Zivil und Militär.

So sagens! Hilft aber der für alls,
Für alles, was oan fehlt?
's gibt ja allerhand so Leid
Und Krankheit in der Welt.

A Krankheit is 's a net so fast,
Woran mein Herz so leidt,
's is eigentlich – i woas net was –
So a – Beklommenheit.

Ach Gott, mir bringt koa Dokter Hilf,
Und elend geh i z'grund;
Den Dokter, ach, den find i net,
Der mi macht endli gsund!

***

I möcht a Klausner wer'n

Oft is mir kommen so in Sinn:
I möcht a Klausner wer'n!
Adje, du schöne Welt, fahr hin,
Will nix mehr von dir hörn!

Wenn aber i dem Maderl so,
So *recht* in d'Augn guck,
Da bin i weg – i woaß net wo –,
Dös bringt mi wieda z'ruck!

I bleib a do, 's is alles recht!
I mag ka Klausner wer'n!
Mei Klausen do is a net schlecht –
Grad nüber tuats loschern!

Da schau i halt den ganzen Tag
So in ihr Zimmerl nein –
A oanzig Wörtl! wenns mi mag:
Z' Micheli ziag i ein!

***

MEIN WEISHEITSZAHN

Der Weisheitszahn

Wart allweil auf den Weisheitszahn,
Die andern fallen aus –
I denk, i zieh mein Pelzrock an
Und geh schön stat nach Haus!

Was hilft denn a dös Warten jetzt,
Dös Herstehn da im Schnee;
Da könnt i mi verkältn z'letzt,
Dös Gscheitest ist – i geh!

Zur Einsicht bin i endli glangt,
Den krieg i nimmer – i!
Allweil hat mir vor Weisheit bangt:
An *Zahn* hats ghabt auf mi!

***

Im Lebn is allweil so,
Werd allweil so sein:
Viel öfter schlagt's Glück wo
Als 's Ungwitter ein.

Oft moanst, es ist alls gut,
Nix mehr, was geniert:
Du bist wohl erst eingsoaft,
Bist no net balbiert!

Oft moanst a, du siehst wo
A Ruhplatzl hier:
Auf oamal rennt her so
A wütiger Stier!

Oft moanst, bist in Himmel
A mal itz anglengt:
Da kummt wieder a Schimmel,
A schwarzer, angsprengt!

Im Lebn is allweil so,
Werd allweil so sein. –
Doch fallt in dem Jahr no
Der Himmel net ein!

***

Lebensregel

Wenn dir's vergönnt je, dann richt es so ein,
Daß dir ein Spaziergang das Leben soll sein!
Stets schaue und sammle, knapp nippe vom Wein,
Mach unterwegs auch Bekanntschaften fein,
Des Abends kehr selig bei dir wieder ein
Und schlaf in den Himmel, den offnen, hinein!

***

60

Hin eilen die Sterne weit
In endlosem Schwung!
Schon morgen um die Zeit
Bist nimmer so jung!
Umarme hienieden
Die Gegenwart froh:
Was *heut* dir beschieden,
Nicht *morgen* ist's so!

***

Des Genügsamen Trost

Behalt die Perlen und dein Gold,
Behalt die Diamanten!
Was tut's, wenn auch Fortuna schmollt
Durch ganze Folianten!

Es bleibt zuletzt doch etwas noch,
Was muß das Herz erheben
Weit über alles Unbill hoch –
Und schöner macht das Leben!

Ach, wenn ich es nicht sagte dir,
Du würdest's nie erraten!
Freund, morgen gibt es Märzenbier
Und Heringe gebraten!

***

Berg und Tal

Erst auf den höchsten Zinnen,
Die mühsam du erklommst,
Wird's hell in deinen Sinnen,
Dem Himmel näher kommst!

Willst du ein Weilchen selig sein,
So leg dich auf den Bauch
Dort in die nächste Wiese 'nein,
Inmitt' der Blumen Hauch!

So bist der Gottheit näher,
Das Herz, es schlägt dir froh:
Nur meide nahe Späher,
Die finden so was roh!

***

Mein Stübchen

Nicht die kleinste Freude noch auf Erden
Ist mir mein Stübchen spät bei Nacht;
Des Tages Mühsal und Beschwerden
Bei Lesen mich vergessen macht!

»Wohl besser, in geselligen Kreisen
Froh auszutauschen, was erhebt;
Du wähnst wohl gar dich einen Weisen,
Der selber schon genug gelebt.

Wer doch bei solch Schartekenhocken
Einseitig, tot nicht werden müßt'?!
Kann dich kein Freundeszirkel locken,
Wo ein lebendig *Du* dich grüßt?«

Verzeih, wenn ich so minder Nutzen,
Belehrung minder finden kann! –
Und wenn dort andere sich lernen *duzen,*
Red' ich mich auch mit *Sie* nicht an!

***

MEINE ZEIT

Der Karmelitergeist
(Spiritus melissae compositus cecc. Pharmacop.)

Eingeführt im deutschen Land
Habt geistreich ihr das Liter;
Nicht aber Gnade vor euch fand
Ein Geist – der *Karmeliter*!
Grad *sie,* die lang Zeit lobesam
Für so Gebrest, das jedermann
Im Deutschen Reich befallen kann – – –
Die müssen fort! – 's ist bitter!

***

Die Orden

Wenn einer einen Orden kriegt,
Bei uns ist's so der Brauch,
Sagt jeder grad zu ihm ins G'sicht:
»Verdient hätt' ich ihn auch!«
Wahrhaft erfreulich ist dies schon,
Es gibt ein treues Bild!
Wie hoch muß stehen die Nation
Wo jeder sich so fühlt!

***

Para pacem si vis bellum

's ist nur umgedrehte Wortung!
Sattle ab dein Streiterroß,
Bring nur alles hübsch in Ordnung,
Geht gewiß der Teufel los.

***

Para pacem si vis bellum: Umkehrung des geflügelten Wortes »Si vis pacem para
bellum (Willst du Frieden, rüste zum Krieg)«.

Schnaderhüpfeln soll i singa
In der itzigen Zeit,
Wo oans Herzerl möcht z'springen
Ach vor Sorg und vor Leid.

Na, i ka itz net singa,
Dös paßt nöt in mein Kram,
Schnaderhüpfel, die bracht i
Um viel Geld itz net z'sam.

Ja, wo 's Herzerl möcht z'springa
Vor Besorgnis und Leid,
Ach mein oanziga Trost ist:
Unsre Boarn, die ham Schneid!

Ja, die Boarn und die Preußn,
Die tun eini marschieren
Und tun itza dös Frankreich
Ganz von Grund aus kuriern.

Aber wirklich, ma tut itz
A schon eppas verspürn,
Dö Franzosen – dö Lumpen –
Kriegn schon alle 's Laxiern.

Drauf und dran! hoaßts jetzunder,
Jung und Alt, die ganz Welt!
Alle nehmts enk an Prügel,
Alle ruckts itz ins Feld!

Und was sich i? Zwoa Maderln,
Die stehn *a* jetzt in Feld?
Und der oan' und der andern
An schön Gruß i vermeld!

Was? was? Maderln? was Maderln?
Die stehn a jetzt in Feld?
Ja, itz dös wär ja dengerst!
Ist verkehrt denn die Welt?

No, in Feld tuns schon stehn a,
Aber nöd als Soldat!
Denn dös siehst ja, daß koani
A koan Schnurrbart net hat!

Tun nöd schießen und nöd stecha,
A nöd haun und nöd schlagn –
Nur Vergißmeinnicht brocka
Und so Bleamerln z'samtragn.

Und Vergißmeinnicht gibts da
Grad in Massa stehens rum,
Vis à vis stehn *a* andre
Liebe Bleamerln und Blum!

In der Stadt, no da werd i
Von enk *so* allweil grupft!
I will sagn, ob itz koani
Mir a Bleamerl abzupft?

***

dengert: doch

72

Itza roas i nach München,
Schau mi um überall
Und schau a a weng eini
Da beim Bronberg'r in Tal.

»Mach und sags: Was hast gsehn
Da an Bronberg'r sein Haus?«
Do hängt itza beim Fenster
A kloans Fahnerl heraus!

Ganz a kloans weißes Fahnerl,
In der Mitt a rots Kreuz;
Für die armen Soldaten
Gib was her, dös bedeuts!

Hörst es blasn, hörst es trummeln,
Da is itz eppas los;
Ach, i glabs net und glabs net,
Na, 's kummt koa Franzos.

Wann i 'n hätt den Napolibon,
Ja, glei tot tät i 'n schlagn
Und vergiften und köpfa
Und zum Land aussi jagn!

Itza schau i nur den Ratturm
Halt in oan Trumm so on,
Ob net eppa scho wieder
So a Fahna hängt dron.

***

Itz aber schnell eina,
Schnell eina in d' Stadt,
Da gibts eppas z' segn itz,
Was man nie gsegn hat.

De Maderln ihre Herzeln –
Ob groß oder kloa –,
Die schlagn itz viel ärger;
Warum teans denn so toa?

Vom Schleckergaßl auffi
Bis nauf zum schön Turm
Steht alles voll Leut itz –
Wegn die neu'n Unifurm!

Aufn Saumarkt aber bsonders,
In Schmutz und in Regn,
Kannst die vornehmsten Damen
Grad dutzendweis segn!

D' Schwolisché freili
San die Schönsten, auf Ehr,
Die hoffnungsvoll grünen
Mit rote Rawér.

Das Allerschönst von allen
Is d' Artolerie,
Zu die feinen Gesichterln
Steht der schwarze Samtkragen zu niedlich.

D' Frl. Schirnagl bleibt a nimma
Drin im Josef-Spital
Bloß wegn die roten Streiferln
An an Vizekorporal.

Schwolisché: Chevaulegers (leichte Kavallerie).

75

Aber gar am allerschönsten
Bleibt schon 's Leibregiment,
Dös in so vielen Herzerln
Die Lieb hat anzendt.

Schirmmützen kriegens alle,
Aber koan Schirmerl mehr dro,
Damit ma s' a umkehrter
Gut aufsetzen ko!

Wegn die Stiefel, fein gfältelt,
Mit klirrende Sporn
Und so Absätz, hoch gspältelt,
San schon drei närrisch wor'n.

So Fraunzimmer san a
Oft fürchterli keck,
Die schönern Exemplar san
Schier alle schon weg.

Drum schreibts, obs bald kummts itz,
Denn's betrifft euer Wohl,
Und ob i euch derweil net –
Vormerkn lassen soll!

***

Dös Neuest in München,
Wovon die Stadt itz is voll,
Is die Gschicht von der Russin,
No, 's kennts jeder wohl.

No, Gräfin, wie d' Leut sagn,
Wars freili gar nie,
Und wenns Gräfin a wor'n is,
So sagt man net wie.

Die hätt z'erst oan heiratn solln,
I woaß nimmer wen,
Aber nachher hat er net wolln,
Doch dös ghört net zu dem.

Itz aber kummt dazu noch
A Gsandtschafts-Sekretär
Und noch einer, ein andrer,
I woaß nimmer wer.

Aber's scheint, koana hats mögn,
Kurz, die Sach is itz so:
Sie sollten sich treffen,
I woaß nimmer wo.

Dös is a ganz gleich itz,
Aber, was ma erfahrn hat nie,
Dös is itz bekannt wor'n,
I woaß net recht wie.

Nämlich sie hat doch gleich anfangs,
Und gwiß weiß man auch das,
Ihr Ehrenwort geben,
I woaß net auf was.

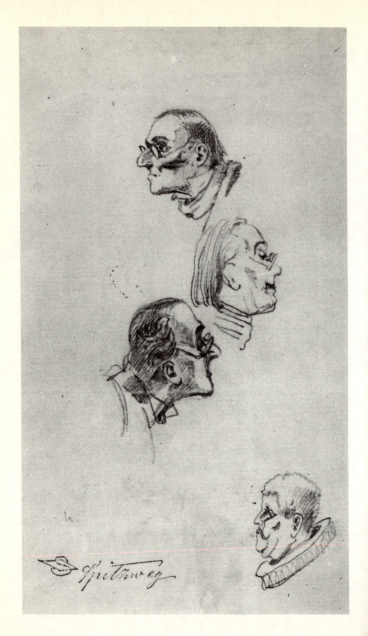

Z' spät wars, wie s' gmerkt hat,
Die Gschicht geht itz krumm,
Da is s' plötzlich verhaft wor'n,
I woaß net warum.

Freili anders gstalt die Sach sich,
No, es weiß 's jedermann,
Daß dös früher schon gschegn is,
I woaß a nimmer wann.

Hätts gschwiegn, wars besser gwest,
So aber war sie net still;
Schändlich! Er hätt no zahlen solln,
I woaß net wieviel.

Ma sagt: Sie habn sich girrt ghabt
Im Schwurgricht da drin,
Ja, girrt habns da jedenfalls,
I woaß net worin.

A Schand bleibts für Deutschland,
A Schand is 's auf Ehr!
Aber was 's eigentlich gwesn is,
I woaß nimmermehr.

Ja, so gehts! I habs glei gsagt,
Und dös sei auch andern zur Lehr,
I glaub nie, wos d' Leut gsegn habn,
I glaub nur, was i hör!

***

Die Ausgrabungen in Olympia

Und wird die Welt auch noch so alt,
Der Mensch, er bleibt ein Kind!
Zerschlägt sein Spielzeug mit Gewalt,
Wie eben Kinder sind!

Wann alles erst in klein zerstückt
Und nichts mehr zu verderben,
So sucht er wieder – neubeglückt –
Und spielt dann mit den Scherben!

***

BAUERN- UND STADTLEUTREGELN

Bauernregeln

Donnerts zu St. Vincent,
Steigen die Prioritäten um 2 Prozent.

Wenns regnet auf St. Vit,
Nimm keck an Regenschirm mit.

Maria Magdalena
Tut alleweil flenna,
I wills net anders nenna.

Wenn die Grillen zirpen um St. Gratian,
Dös geht koan Menschen eppas an.

Wo gar z'viel Stadtleut kumma,
Verderbens den ganzen Summa.

O Juni! schöne Rosenzeit!
Rennst a vorbei als wie net gscheit.

Um Margaretha
Kummen feini Wetta;
Aber auf Jakobi
Kumma erst recht grobi.

Im Juli rollt des Donners Macht,
Bei manchem 's ganze Jahr es kracht.

Wenn in d' Schlehdornblüh a Reif einfallt,
Werds später warm, a diemal kalt.

Auf St. Gambrini
Gwiß wieder bsoffen bin i.

Auf St. Gertraud
Iß Schweinshaxl und Sauerkraut,
Und vors is verdaut,
Bist a schon Braut.

St. Petrus et St. Paulus est
Bei vielen Madeln großes Fest.

***

Neue Bauernregeln für das Jahr 1877

Die Dächer, wenn im Juni naß,
Deutet schon auf Regen das.

Wenn der Kuckuck nicht vor Johanni schreit,
So hat er später auch noch Zeit.

Wenn der Mai recht warm und fein,
Wirst im Juni durstig sein;
War er aber kalt und schlecht,
Durst's im Juni dich erst recht.

Is der Oktober noch heiter und warm,
War der Mai, daß Gott erbarm.

Aufn Antlaß, wenns schön Wetter is,
Da graten die Bratwürst allmal gwis.

Wenn im Mai ein Postexpeditor saumselig war,
Kommt kein beßrer nach fürs ganze Jahr.

Is d' Hitz auch groß noch im September,
Späternaus wirds kühler und bequember.

Summen die Fliegen schon im Mai,
Kommt bald der Juni auch herbei.

Marie Himmelfahrt klar Sonnenschein,
Schmeckt 's ganze Jahr a guter Wein.

Donnerts im August,
Wird später auch viel gekust.

Antlaß: Antlaßtag (von Entlassung, Ablaß), der Gründonnerstag und der
Fronleichnamstag.

Wenn in d' Schlehdornblüh ein Reif einfallt.
Wirds später a no warm und kalt.

Am Abend vor Laurenzi,
Da kuß i no mein Zenzi.

Schluß der Bauernregeln
III. Dutzend

Wenns in Schlehdorf schon in d' Frühmess läuten,
Liegen d' Stadtleut erst no auf der ersten Seiten.

Wenn i an Schatztaler hab,
Den nimm i mit ins Grab.

Nur oans werd ewi dauern:
Mi bleiben dumme Bauern.

Trink nur fort, solang di durst,
Weilst sonst leicht wieder dursti wurst.

Es wird allweil netter:
Itz soll gar das Wetter
Sich richten nach dem Barometer.

Heuer ziehen alle Gewitter weiter,
Und später wirds wieder heiter.

Wenn 's Glück a schlagt a diemal ein,
Werds a so weit wohl gfehlt net sein.

Auf St. Urban
Woaßt mitn Troad net, wiest bist dran.

Am ersten Juli schön is schon,
Wer abschneidt seine Zinskupon.

Bei uns gibts allerhand Manier,
A grobe und a feini,
Wenns net recht is eppa dir,
Schlag i dir oane eini.

Troad: Getreide

87

Auf St. Coloman
Geht 's Schwitzen nomal an.

Wenn der Kochelsee is naß,
Bedeuts, i woaß net was.

***

Zuwaage

Auf ein schönen grünen Wasen
Möcht mancher sich angrasen.

Sowie die Spinnen dursti wer'n,
Gibts andern Tag Tauwetter,
Und kumm i mit an Tampus heim,
Gibts richti a Sauwetter.

Wenn vor St. Colprian die Radi graten sind,
Deutet es schon stark auf Wind.

Allemal um Gertraud
Kummt 's frische Sauerkraut,
Is a guts Mittel gegen Fieber,
Gedunst iß ichs lieber.

Lukas und Galli
Dursti sans alli,
Bier allemal zahl i,
Vor i umfall i.

***

Tampus: Rausch, Trunkenheit.

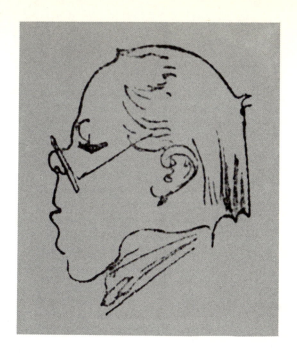

Wegen gänzlicher Aufgabe meines Geschäftes in Bauernregeln empfehle ich mich bei Eröffnung eines neuen Unternehmens in

Stadtleutregeln

Wer um Georgi sein Hauszins nicht zahlen kann,
Is vielleicht um Micheli schon ein reicher Mann.

Vor Micheli siehst dein Wohnung glanzen,
Drei Tag danach vertreibn dich die Wanzen.

Um Lichtmeß tust dein Laden auf,
Auf Josephi kommt dann Ausverkauf.

Wenn dein Rechnung nicht ganz z'amgangn is,
So hilf dir halt mit einem Bschiß.

Darlehn kriegst leicht jederzeit,
's is der Teufel, der dir schreit.

Es ist nun einmal mein Wille:
Eine Braut mit fünfzig Mille.

Vor sie dich in die Fronvest weisen,
Verkauf schnell noch zu Fabrikpreisen.

Is der Sonntag sonnig oder grau,
Der Montag is allemal blau.
Nimmsts mitn Saufen am Montag auch nicht gnau,
Is der Dienstag wieder blau.

Hast glernt allerlei Praktik der Welt,
Du weißt, wo's fehlt:
Schaff Geld!

Wenn im Frühjahr des Lebens
Einem habn viel schöne Madeln in die Augen gestochen,
Ists ein Wunder, wenn im Spätjahr
Er sehen kann nochen.

***

Stadtleutregeln II

Auf Micheli, i woaß schon von eh,
Da ganga die Zins wieda in d' Höh.

Wenns Krieg gibt, reib dir d' Händ,
Da gibts wieder hohe Prozent.

Nur destwegen san mir auf der Welt,
Daß mir uns verdien a Geld.

Ob dös net a a Gschlepp wohl is,
Mit Ziegelstoa sich plagn:
Da will i a am Sunnta gwiß
An Schlepp am Kload hint tragn.

Rund machts der Drechsler,
Bunt machts der Wechsler.

Steht deiner Nachbarin oan Feda gut,
Steck du glei siebni aufn Hut.

Biet dem getrost 100 000 Nickel an,
Der Lebensmittel neu verfälschen kann.

Koa Wunder, kriegst an Rheumatismus drauf,
Wenns machen alle Läden auf.

***

Stadtleutregeln III

Wirst wohl a schöner Hausherr sein,
Wenn ghört vom Haus koa Stoan net dein.

Leicht kriegst itzt a Braut,
No vors dus hast angschaut.

Rekommandiert dir einer ein ewigen Lebensbalsam,
Denk: Lumpen sans allsam.

Weißt, wer a gscheiter Mensch itz heißt?
»Der nicht sich, nur andre bscheißt.«
Bist a ehrlichs gutes Trumm,
Hoaßt die ganze Welt dich dumm.

Kannst a no erleben allenfalls,
Daß sich bricht a Lump den Hals.

Siehst so putzti Madeln durch die Straßen wandern:
Die ghörn net oan, die ghörn viel andern.

Heutzutag iß und trink nur wenig
Bist ja nicht sicher, obs nicht is Arsenik.

Wenn heuer die große Hitz vorüber ist,
Wird gwiß auch wieder mehr – getrunken.

***

Stadtleutregeln IV

Wenns dir z' langsam geht,
Nimm a Veloziped,
Brauchst nur d' Fußerl z' rührn,
Kannst schnell echappiern,
Mitnehmen kannst da freili nicht viel,
Mußt es halt vorausschicken in der Still!

Such dir a Frau
Nach Trinitatis,
Um a netti schau
Und die a hübsch stat is.

Ehrliche Kerl san mir zwar schon alli,
Aber a recht ehrlicher Kerl ist allemal a Lalli.

Charmante Zeit itz, das is gwiß,
Wo alls so schön geregelt is;
Man sollt auch mit an Meterstab
Jedem messen seine Tugend ab.

Sonderbar, die meist Couragi
Hat alleweil die Bagagi.

Wenn 's Lokomotiv so pfeift, daß 's ist a Graus,
Denk, da steigt gwiß wieder a Lump mit aus.

Erdbebn wer'n bald überflüssig sein,
Wenn d' Häuser fallen von selber ein.

Ein halbs Jahr vor und ein halbs Jahr
nach St. Innozenz
Sind unsere Bauern die ärgsten Schwänz.

***

Schau i so rum:
Alle sans dumm!
Was mi aba freut:
I alloa bin der Gscheit!

**

FRÜHLING
–
SOMMER

Frühlingslied Nr. 17

Oft hab i mir denkt scho,
Möcht a Maikäfer sein
Und so umadum surren derfa
Im Maisunnaschein.

So wie's a weng grean werd
Und 's Frühjahr geht on,
Glei kummt a der Maikäfer
Und frißt, was er kon.

Und hat er gnua gfressn,
So schlaft er stat ein.
So a Maikäferleben,
Ja, wär dös net fein?

Aber vor er gnua gfressn
Und vor er schlaft ein –
Bald hätt i's vergessn –,
Löst er (bei der geeigneten Behörde
    unter folgsamer Beachtung der geforderten
    Formalitäten) no an Zivileheschein!

***

Zivileheschein: Durch Gesetz vom 6. 2. 1875 wurde in Deutschland die Zivilehe
eingeführt.

Der Radi und die gelbe Rubn

Die Veigerln blühn, die Baam schlagn aus,
Im Wald springt 's junge Reh,
Und weil jetzt niemand schießen darf,
So schießt 's Getrad in d' Höh.

Und in an Bacherl silberhell,
Zwischen Moos und grün'n Fichtn,
Da schwimmen Fischerln hin und her
Und sagn sich schöne Gschichtn.

Nur in an Garten hintern Haus
Da steht a gelbe Rubn,
Die kannt vor Lieb sich nimmer aus,
Vor Sehnsucht wärs bald gsturbn.

Und Tränen wie die Perlen weint
Die Arm in ihrem Schmerz,
Es liebt ja alles auf der Welt,
A Rubn hat a a Herz.

Und 's Herzerl von der Rubn is
In an Radi ganz verbrennt.
Noch werdn die beidn Liebesleut
Von an kloan Bacherl trennt.

Dös schmerzt denn halt die gelbe Rubn,
Fallt a dem Radi schwer,
Sie sehn sich zwar den ganzen Tag,
Doch Verliebte wollen mehr.

Sie tauschen die Gedanken aus
Und sagn: bonsoir, bonjour!
Dös is für Leut, die ländli lebn,
Grad schon Französisch gnua.

Doch eines Tags in d' Garten kommt
Der Großknecht – recht a Fresser –
In oaner Hand an Ranken Brot,
In der andern a blanks Messer.

Der schaut si wild und grimmi um
Hinter d' Stauden, unter d' Hecken,
Die Rubn ruft dem Radi zua,
Er soll si fein verstecken.

Der Radi stolz, er ist a Man,
Was kann ihm denn a gschehn,
Er folgt der treuen Warnung net
Und wird vom Großknecht gsehn.

Der stürzt in wilder Hast auf ihn
Und reißt ihn aus der Erd
Und trennt ihn von der gelbn Rubn,
Die ihm so lieb und wert.

Er zieht ihm 's Gwand aus, salzt ihn ein
Und weidt sich an seim Schmerz
Und stoßt ihm 's Messer tief hinein
Ins arme, treue Herz.

Der Radi woant – sein letzter Blick,
Der gilt der gelbn Rubn,
Sein letztes Wort is: Bleib mir trei;
Und nachher is er gsturbn.

Die Rubn, sie kann jetzt nimmer lebn,
Was solls denn jetzt a no,
Sie wankt vor Schmerzen hin und her,
Auf einmal bricht sie a.

Da liegt sie nun in treuer Lieb,
Ihr Lebn hats verloren,

Drum hats von Gott zwei Flügerln kriegt
Und is an Engerl wor'n.

Der Radi, den der Großknecht hat
Mit frecher Hand gebrochen,
Er ward in einer Vierteistund
Schon fürchterlich gerochen.

***

Das Frühjahr treibt alls raus:
Petersil und Spinat
Und Rubn und Kohlrabi
Und Kraut und Salat.

Und so habn mir allweil was,
Was 's Herz freun kon –
Und so ists itz um die Zeit,
Daß geht 's Greanfuttern on!

***

Wie schön sind die Fluren,
Wie duftet die Au,
Und alles voller Lämmer –
Danebn a Mordssau!

***

Zu Bendiktbeuern in der Prätatengasse Nr. 57

Ist ein artiges Quartier,
Mit schönster Aussicht ins Bergrevier,
Mit aller Bequemlichkeit und Plaisir,
Nettem Garten und Baumspalier
Speise, Küch' und Kuchelgeschirr,
Mit Raum für mehr als ihrer vier.
Steigts auch keine Stiegen hier.
In nächster Nähe gutes Bier.
Wenn im Haus auch kein Klavier,
Gibt's doch andre Instrumente hier.
's werden Uhren gemacht und reparier-
T, sowie Halbekrügel und Zinnscharnier.
Ruh' ist vor dem Stadtgewirr,
Hörst nur lustig Feld- und Waldgetier
(Ganz selten nimmt ein wilder Stier
Zum Scherze harmlos sein Turnier!)
Wohlbehagen steht hier im Brevier
Als erstes Lebenselixier,
Das uns geholfen für und für,
Womit ein jeder sich kurier'
Bei schönem Kurs und sicherm Papier.
Kurzum, was alles wünschen wir
Und was ich selber wünsche mir,
Vor allem aber wünsche dir – – –
(»Herr Vetter! Ach is dös a Geschmier!«) –

Jetzt hast du mich mit deiner Bemerkung schon draus bracht,
ja völli irr gmacht, i komm nimmer drein, fallt mir koa Reim
mehr ein, hast mirs Konzept ganz gnommen zu einem feierli-
chen poetischen Willkommen, wie z. B.

> Stets sollen dir die Rosen blühn
> Und jeden Abend Alpen glühn.

***

Im Hause des Uhrmachers Rost in Benediktbeuern verbrachten Spitzweg und die
Familie Bronberger seit 1869 regelmäßig ihre Sommerferien.

Wie schön, wenn am Morgen
Der Heimgarten glüht
Und die Höhn, wo Almros
Und Edelweiß blüht!

Wenn im Abendgold prachtvoll
Die Probstwand herwinkt
Und ein glänzender Stern schon
Ins Tal herabblinkt!

Aber wenn i auch alles
Mir recht überdenk –
Mir gfallt do nix besser
Als unsere Schenk.

Wie schön nicht die Sonne
Durchs Bierkrügl scheint!
Bin deshalb die steinernen
Maßkrüg ned Freund.

Da, wenn mi einer scheniert,
So sag i: Schön Dank!
Wie letzthin beim Waldfest
Und schieb 'n weg von der Bank.

I trink nur ganz mäßig,
I trink nur a weng;
Aber all meine Kleideln,
Die wer'n mir itz z' eng.

Die Kathi, die gut Kathi,
Is mei Leibmedikus,
Die all meine Kleideln
Itz rauslassen muß …

***

»Kann ich die Fräuleins nicht sprechen?«
Hat neuli oaner gfragt.
»Na, die san itz ned da da,
Die san auf der Jagd!«

Ja, aufn Land wer'n die Flöh
Glei so viel und so groß,
Daß mir often a diemal
Gendarmerie holen moß.

Da werd bald hinum, bald herum
Und wieder hinüber glangt,
Und ned eher wer'ns ruhi,
Bis d' Floherl ham gfangt.

Die oan mittn in Trinken
Laßt alls liegn und stehn
Und seufzt und springt fort und
Tut Flöhsuchen gehn.

Kathi: Haushälterin der Familie Bronberger.

Und wenns 's Floherl hat gfunden
Am richtigen Ort,
Da kummts a glei wieder
Und trinkt wieder fort.

Die andre seufzt beim Suchen
Und betet dann:
»Sankt Flohrian, verschon mich,
Beiß andre an.«

Anmerkung:
In meinem Sulzbacher Kalender von 1873 steht schon die neue
Heilige: 30. August, Sancta Flohri*anna,* Märtyrin (weil sie näm-
lich so viele gemartert hat).

***

»So a Mai wie der heuri
Füllt Scheune und Faß«,
Hats aber koa Dachl,
Werst durch und durch naß.

Allweil hörst dös Glafferl,
In oan Trumm gießts ra,
Da reißt oan z'letzt der –
Geduldfaden a.

Und wennst hörst dessel Glafferl,
Leg ins Bett di zur Ruh,
Und schlaf wie a Afferl,
Und tram schön dazu!

Und wenn er di wieder aufweckt
Der S--regen der,
Ist das erste Gebet dann:
Beschirm uns der Herr!

Mi wundert überhaupt,
Daß net schon im Paradies
Der Mensch mit 'n Parapluie
In oans z'samgwachsen is …

***

Ein spaßigs Leben führen wir,
Ein Leben ohne Sonne.
Dös anzi is no 's Kellerbier –
Is unsre ganze Wonne.

Heut nehmen wir a Paraploi,
A Regendachl morgen.
Z'letzt lassen wir a Arche Noi
Noch für uns alle bsorgen.

Dann fahren wir im Kochelmeer
Herum und num spazieren
Und tun mit unserm Kellerbier
Aufn Herzognstand soupieren.
 u.s.f.

***

Glafferl: Fließen des Wassers.

Is da a Wetter! Hui!
Da kann ma sagen: pfui!
Auf so a Wetter, ah oui!
Reimt sich nix als Paraplui!

***

Wenn nur bei uns ist da Reng,
So ärgerts mi a weng;
Wenn aber der Reng is überall,
Dann is es mir sehr tout égal.

***

HERBST
–
WINTER

Die gelben Blätter schaukeln
Im Sonnenstrahl, dem fahlen,
Nicht Amoretten gaukeln
Wie Anno dazumalen.

In warmer Ofennähe,
Filzschuhe an den Füßen,
Erwart' ich still und spähe,
Was bald wird kommen müssen.

Doch will getrost ich wandern,
Und wird der Vorhang fallen,
So gönn' ich gerne andern,
Den Frühling neu zu malen.

***

Der Sommer ist schon längst herum,
Längst fielen alle Ähren,
Doch bitt' ich untertänig drum,
's mög' noch ein Weil' so währen.

***

Schenkt dir ein höhers Alter Gott,
Dann bitt aus tiefster Brust,
Daß manches noch erleben darfst,
Doch nicht zuviel erleben mußt!

***

Körperliche Fehler soll man
Gar nie verspotten,
Selbiges ist ja schon strengstens
In den Heil. Schriften verboten!

Dein Spott ist Ursach gwesen,
Daß ich in voriger Nacht
Die ersten 9 Stunden
Kein Aug hab zugmacht!

A Plattn is koa Schand net,
Oder ist 's Alter a Schand?
Schau nur amal Zugspitz an
Und d' Bendiknwand!

Wilhelm Tell ist dadurch berühmt wordn –
Wenn mans nur recht versteht –
Wo wär er denn hingsprungen,
Wenn er koa Plattn ghabt hätt?

Freili glaubst du dös alls net –
Was sagst aber da drauf?
Bei Hof und in hohen Häusern
Tragens auf Platten nur auf!

Ja, mir fallet, wenn i mögn tät,
No gar viel da ein,
Und wenn i wollt grob sein –
So war i net fein!

Unter körperliche Fehler ghört a
Sonst no allerhand –
Zum Beispiel: 's Biertrinken,
Dös *viele*! Ach, das ist a Schand!

Doch ich kann net lang penzen
I kenn ja koan Zorn! – –
Und *so* ist dir mein Herz vielleicht
Auch nicht auf ewig verlorn!

***

Mein Schlafrock

Wie arg, daß jetzt mein Schlafrock hin,
Zerfetzt und durchgefressen,
Kaum siebzehn Jahr ich älter bin,
Seit er mir angemessen.

Von Wolle kaum mehr eine Spur,
Durchlöchert schon von Schaben,
Ich tröste mich mit solchen nur,
Die keinen Schlafrock haben.

Soll ich mir jetzt als Sterbekleid
Noch einen neuen schenken?
Dann möcht' ich ihn bequem und weit,
Wenn sie ins Grab mich senken.

***

Itz is ma der dritte
Von die letzten 2 Zähn
Gestern a no ausgfalln –
Wie sing i itz denn?

Ki-ka-konn nimmer,
's geht nimmermehr,
I mi-ma-mecht singa,
's geht nimmer, auf Ehr.

Schni- Schna-Schnaderhüpfeln
Ach säng i so gern,
Aber's will gar koa Gsi-Gsa-
Koa Gsangl mehr wer'n.

Gern hätt i was gesunga
Von 'ra Bli-Bla-Bli-Blum,
Dös Anstoßen und Gaxen
Bri-bra-bringt mi no um.

'n Herrn Bri-Bra-Bri-Bronberger
Seine Maderln, seine liebn,
Hätt i gern a Liedl gesunga,
Itz ma-muß i's aufschiebn.

Hätt gern allerhand gsunga
Von Schwi-Schwa-Schwolisché,
Von Ki-Ka-Kirassier
Und von der ganzen Armee.

Von allerhand Straßen
Und von die Li-La-Leut drin,
Dös muß i itz lassen,
Weil i zi-za-zahnluket bin.

's kummt mir ja alleweil
Zi-Za-Zung überquer,
I tu mi mitn Singa
Itz entsa-setzli schwa-schwer.

I hör lieber ganz auf
Und sing nix me-mehr,
I blamier mi sonst gar zu
Sa-si-so-su-sehr!

Dös ist dös schwer Zahnen,
Kloani Kinder habns scho,
Und wenns a so fortgeht,
Sta-stirb i no dro!

Und wenn i so nübergax
In die ewige Ruh,
Nachher seids es gwiß ös zwoa,
Die li-la-lachen dazu.

***

Romanze
Melodie: Heil unserm König, Heil!

I hab an Hexenschuß,
Weil i 'n halt habn muß,
Sonst hätt i 'n ned.
Wenn i die Hex nur wißt,
Die allweil auf mi schißt,
I brachts ins Gred.

Bal i mi niedersitz,
Gibts an Stich, wie a Blitz
Fahr i in d' Höh!
Wenn i mi bucken will,
Herrgott, is das a Gfühl,
Ah, dös tut weh!

's is rein zum Teufel holn,
's is, als wär alls verschwolln
Hinten im Kreuz!
D' Hex hätt koa Mitleid ned,
Wenns mi abreißn ted –
Na, sagts, mi freuts!
u. s. f.

***

Mei Dachstubn

Logier in a Dachstubn,
Und da bin i gern,
Da siech i gar weit rum
In d' Höh und in d' Fern.

Da tramt mir der schönst Tram,
Wie d' Engerln rum fliegn –
Die drunten, die sehns kam,
Die über oa Stiegn.

Da guck i frohseli
In d' Himmelwelt naus,
Bis kummt z'letzt Micheli,
Da zieh i dann aus.

Mi tragts, wenns a wenig
Is weiter ins Grab,
Daß i – notabeni –
Net selber z' steign hab.

Und hoff, wenn i dro kimm
Und 's Sterbgewand onhab,
Daß i so an Tram nimm
Mit abi ins Grab.

***

Ein jeder Mensch ist Patient
Und eigens zu behandeln,
Doch schmecken die Rezept' am End'
Fast all' nach bittern Mandeln!

***

Mit Schmerzen durftst du auf die Welt;
Du weißt nichts mehr davon,
Mit Schmerzen mußt du aus der Welt:
Du merkst es leider schon!

***

Dös Kugelfestmacha,
Dö Passauer Kunst,
's is grad nur zum Lacha,
's is alls blauer Dunst!
Du bist do sei Scheibn –
's is alls umasunst;
Und stehn willst bleibn! –
Freund, dös war a Kunst!

***

Du wappnest dich mit Panzerketten,
Mit Schild und Haube, fest aus Stahl:
Der Todespfeil, nichts kann dich retten,
Durchdringt die Fugen überall!

Und du erliegst! – Sei, Freund, doch weise,
Schnell zieh den schweren Panzer aus,
Der dich beschwert nur auf der Reise,
Hemdärmlig wage keck den Strauß!

Ein Held, er beut die Brust dem Schusse,
Der mitten zielt ins Herz hinein,
Und lächelnd wie zum Abschiedsgruße
Geht er in seinen Himmel ein!

***

Passauer Kunst: Amulettzettel, der die Soldaten gegen Kugel, Hieb und Stich
festmachen sollte.

's letzte Kussen

All Abend, wenn ins Bett i geh,
Da hör i's – schwör a drauf –,
Wie hoamli sagt der Tod zum Schlaf:
»Den hebst a weng noch auf!«

Bis itzt hat der a ghorcht ganz gut,
Der Schlaf, i muß 'n lobn,
Daß er, wie ihm es gschafft ist wor'n,
Hat sicher mi aufghobn.

Konnst gar nix macha – wolltst a gern,
Umsonst is – weils so is,
Guat woaß i, daß der Tag nit fern,
Wo 's Aufstehn i vergiß.

Und hab i einst verschlafen schon,
So bitt i, weckts mi auf,
Daß i enk nomal kussn kon,
Wenn i a nimmer schnauf.

***

Lebens-Alpenfahrt

Stets wandeln wir dem Abgrund dicht,
Wo Tief und Dunkel schrecken,
Aus dem ein Tod und letzt' Gericht
Die Drachenhälse recken!

Wir wandeln, ahnen nicht Gefahr,
So sorglos hin wie Kinder.
Da strauchelst du und gleitest gar
Und gleitest ab geschwinder!

Jetzt gilt's! Ist keine Latsche da,
An der du dich kannst halten?
Umfassen nicht, dem Sturze nah,
Dich rettende Gestalten?

Humor, so heißt die Latsche schlicht,
Gleich Göttern hochgeboren –
Erhaschst du sie im Gleiten nicht,
Dann, Freund, bist du verloren!

***

Epilog

Oft denke ich an den Tod, den herben,
Und wie am End' ich's ausmach':
Ganz sanft im Schlafe möcht' ich sterben –
Und tot sein, wenn ich aufwach'!

***

ANHANG

TEXTNACHWEIS

Manuskripte Carl Spitzwegs (Bayerische Staatsbibliothek, Handschriften-abteilung, Signatur: cgm 7946): S. 11, 13, 20, 37, 38, 40, 42, 47, 48, 50, 53, 54, 55, 60a, 70, 73, 75, 77, 83, 85, 87, 88, 89, 91, 92, 94, 95, 99, 103a, 103b, 105, 106, 107, 108, 110a, 110b, 114, 117, 119.

Uhde-Bernays, Hermann: Carl Spitzweg. Des Meisters Leben und Werk. München 1913: S. 9, 22a, 22b, 22d, 22e, 24, 27a, 27b, 28, 30a, 30c, 30d, 32a, 34, 44, 56, 59, 60b, 62a, 62b, 63, 64, 67, 68a, 68b, 80, 104, 113a, 113c, 121, 122a, 122c, 124a, 124b.

Spitzweg, Wilhelm: Der unbekannte Spitzweg. Ein Bild aus der Welt des Biedermeier. Dokumente, Briefe, Aufzeichnungen. München 1958: S. 8, 17, 18a, 22c, 30b, 31, 51a, 51b, 113b, 116, 120, 122b, 123.
Wichmann, Siegfried (Hg.): Die Leibgerichte des weiland Apothekers und Malerpoeten Carl Spitzweg von ihm eigenhändig aufgeschrieben und illustriert. München 1962: S. 100.

Die vorliegende Auswahlausgabe der Gedichte Carl Spitzwegs gibt den Wortlaut der Texte genau wieder. Orthographie und Interpunktion sind jedoch – unter Wahrung der Spitzwegschen Eigenheiten – dem modernen Gebrauch angeglichen. Bei den ganz oder teilweise mundartlich geprägten Gedichten werden Apostrophe nur gesetzt, wenn sie zum Verständnis notwendig erscheinen. Durch Punkte … werden vereinzelte Auslassungen (thematisch abweichende Schlußstrophen mit Danksagungen, Grüßen oder nicht mehr verständlichen Anspielungen auf familiäre Ereignisse) gekennzeichnet. Hervorhebungen erscheinen kursiv.

BILDNACHWEIS

Staatliche Graphische Sammlung München: S. 16, 19, 21, 29, 61, 69, 74, 78, 109, 121.

Uhde-Bernays, Hermann: Carl Spitzweg. Des Meisters Leben und Werk. München 1913: S. 23, 47, 63, 98, 105.

Ders.: Spitzweg. Der Altmeister Münchener Kunst. München 1915: S. 39, 52, 71, 93, 95, 125.

Ders.: Neues von Spitzweg. Gedichte und Briefe. München 1918: S. 33, 43, 49, 83, 86, 89, 102, 115.

INHALTSVERZEICHNIS

Vorwort	7

Ich als Dichter	17
Hast der Gedanken in Füll'	18
Hab' auch ein paarmal versucht	18
»Schicken Sie mir Papier ...«	18
Und wennst Versl willst macha	20
Das Schönste, was der Dichter singt	22
Dein Gedicht zum Revidieren	22
Das Wissen ist ein schöner Schrein	22
Ist er endlich entdeckt	22
Gedanken, weisheitsvoll	22
An Pocci	24
Ich als Maler	27
Maler-Schnadahüpfel	27
Ich mußte gleichwohl sinnen	28
Malergespräch	30
Leben ist: die Lust zu schaffen	30
Im Schaffen nur find Freud und Glück	30
Und komme auch, was es da sei	30
Der Maler im Gebirge	31
Jetztzeit	32
Tizians Himmelfahrt Mariens	34
A schöner Tag im langen Jahr	37
Heut soll sich die Sonne entschleiern	38
Namensfest betreffend	40
's lieb Annerl	42
Bei vierundsechzig	44
Mein Schatz is wie a Röserl!	47
Mein Schatz is a Engel	48
Du bist die schönste Arie	50
Ständchen	51
Wann führt dein Traum in Himmel dich	51
Ständchen	53

Das holde Augenpaar 54
Das kranke Herz 55
I möcht a Klausner wer'n 56
Der Weisheitszahn 59
Im Lebn is allweil so 60
Lebensregel 60
Hin eilen die Sterne weit 62
Des Genügsamen Trost 62
Berg und Tal 63
Mein Stübchen 64
Der Karmelitergeist 67
Die Orden 68
Para pacem si vis bellum 68
Schnaderhüpfeln soll i singa 70
Itza roas i nach München 73
Itz aber schnell eina 75
Dös Neuest in München 77
Die Ausgrabungen in Olympia 80
Bauernregeln 83
Neue Bauernregeln 85
Schluß der Bauernregeln 87
Zuwaage 88
Stadtleutregeln 89
Stadtleutregeln II 91
Stadtleutregeln III 92
Stadtleutregeln IV 94
Schau i so rum 95
Frühlingslied Nr. 17 99
Der Radi und die gelbe Rubn 100
Das Frühjahr treibt alls raus 103
Wie schön sind die Fluren 103
Zu Bendiktbeuern in der Prälatengasse Nr. 57 104
Wie schön, wenn am Morgen 105
»Kann ich die Fräuleins nicht sprechen?« 106
»So a Mai wie der heuri …« 107
Ein spaßigs Leben führen wir 108
Is da a Wetter! Hui! 110
Wenn nur bei uns ist da Reng 110

Die gelben Blätter schaukeln 113

Der Sommer ist schon längst herum 113

Schenkt dir ein höhers Alter Gott 113

Körperliche Fehler 114

Mein Schlafrock 116

Itz is ma der dritte 117

Romanze 119

Mei Dachstubn 120

Ein jeder Mensch ist Patient 121

Mit Schmerzen durftst du auf die Welt 122

Dös Kugelfestmacha 122

Du wappnest dich mit Panzerketten 122

's letzte Kussen 123

Lebens-Alpenfahrt 124

Epilog 124

Die neue Fontane-Ausgabe im <u>dtv</u>

Herausgegeben von Helmuth Nürnberger.
Mit Anmerkungen, Zeittafel und Literaturhinweisen
sowie einem Nachwort des Herausgebers.

**Wanderungen durch die
Mark Brandenburg**
3 Bände
dtv 59025

Vor dem Sturm
dtv 2345

Grete Minde
dtv 2377

Ellernklipp
dtv 12469

L' Adultera
dtv 12470

Schach von Wuthenow
dtv 2375

Graf Petöfy
dtv 2412

Unterm Birnbaum
dtv 12372

Cécile
dtv 2361

Irrungen, Wirrungen
dtv 2340

Stine
dtv 2351

Quitt
dtv 2378

Unwiederbringlich
dtv 2349

Mathilde Möhring
Mit einem Nachwort
herausgegeben von
Gotthard Erler
dtv 2350

Frau Jenny Treibel
dtv 2339

Effi Briest
dtv 2366

Die Poggenpuhls
dtv 2398

Der Stechlin
dtv 2367

<u>dtv</u>

Klassiker der
deutschsprachigen Literatur
im dtv

Georg Büchner
Werke und Briefe
Neuausgabe · dtv 12374

**H. J. Chr. von
Grimmelshausen**
Der abenteuerliche
Simplicissimus Teutsch
dtv 12379

E.T.A. Hoffmann
Die Elixiere des Teufels
Roman · dtv 12377
(Juni '97)

Gottfried Keller
Liebesgeschichten
dtv 2335
Der grüne Heinrich
dtv 12373

Heinrich von Kleist
Sämtliche Werke und
Briefe in zwei Bänden
Hrsg. von H. Sembdner
dtv 5925

Sämtliche Erzählungen
und Anekdoten
Hrsg. von H. Sembdner
dtv 2033

**Jakob Michael Reinhold
Lenz**
Werke
Dramen, Prosa, Gedichte
dtv 2296

Philipp Melanchthon
Der Lehrer Deutschlands
Herausgegeben von
Hans-Rüdiger Schwab
dtv 2415

Karl Philipp Moritz
Anton Reiser
dtv 2286

**Johann Heinrich
Pestalozzi**
Fabeln
dtv 2323

August von Platen
»Wer die Schönheit
angeschaut mit Augen...«
Ein Lesebuch, hrsg. von
Rüdiger Görner
dtv 2395

Johann Gottfried Seume
Spaziergang nach Syrakus
dtv 2149

Adalbert Stifter
Der Nachsommer
Roman · dtv 2018

Witiko
dtv 12375
(Juli '97)

Georg Trakl
Das dichterische Werk
dtv 2163

Klassische Anthologien
in dtv-Originalausgaben

**Deutsche Erzählungen
des 19. Jahrhunderts**
Von Kleist bis Hauptmann
Hrsg. von Joachim Horn,
Johann Jokl, Albert Meier,
Sibylle von Steinsdorff
dtv 2099

**Deutsche Lyrik
vom Barock bis zur
Gegenwart**
Hrsg. von Gerhard Hay
und Sibylle von Steinsdorff
dtv 2312

**Ich wollt' ein Sträußlein
binden**
Blumengedichte von
Hans Arp bis Walther
von der Vogelweide
Hrsg. von Gudrun Bull
dtv 2314

Jüdisches Erzählen
Herausgegeben von
Peter Schünemann
dtv 11767

**Vom Glück des Reisens
zu Lande, zu Wasser und
in der Luft**
Hrsg. von Ulf Diederichs
Mit Illustrationen von
Lucia Obi
dtv 11802

**Schilf-Lieder &
Binsenweisheiten**
Hrsg. von Gudrun Bull
Mit Illustrationen von
Lucia Obi
dtv 2344

**Ein Rot, ein Grün, ein
Grau vorbeigesendet...**
Farben in der deutschen
Lyrik von der Romantik
bis zur Gegenwart
Hrsg. von Joachim Schultz
dtv 2331

Ich fahr so gerne Rad...
Geschichten von der Lust,
auf dem eisernen Rosse
dahinzujagen.
Hrsg. von Hans-Erhard
Lessing
dtv 12017

Ostern
Ein Spaziergang rund um
die Welt
Hrsg. von Ulf Diederichs
dtv 12325

Die Kunst des Wanderns
Ein literarisches Lesebuch
Herausgegeben von
Alexander Knecht und
Günter Stolzenberger
dtv 20030

Klassische Autoren
in dtv-Gesamtausgaben

Georg Büchner
Werke und Briefe
Münchner Ausgabe
Herausgegeben von
Karl Pörnbacher, Gerhard
Schaub, Hans-Joachim
Simm und Edda Ziegler
dtv 2202

Annette von
Droste-Hülshoff
Sämtliche Briefe
Historisch-kritische
Ausgabe
Herausgegeben von
Winfried Woesler
dtv 2416

Johann Wolfgang von
Goethe
Werke
Hamburger Ausgabe in
14 Bänden · dtv 5986

**Goethes Briefe und
Briefe an Goethe**
Hamburger Ausgabe in
6 Bänden
dtv 5917

Ferdinand Gregorovius
**Geschichte der Stadt
Rom im Mittelalter
Vom V. bis XVI. Jahr-
hundert**

Vollständige Ausgabe in
7 Bänden
Mit 243 Abbildungen
dtv 5960

Sören Kierkegaard
Entweder – Oder
Deutsche Übersetzung
von Heinrich Fauteck
dtv 2194

Heinrich von Kleist
**Sämtliche Werke und
Briefe in zwei Bänden**
Herausgegeben von
Helmut Sembdner
dtv 5925

Jean de La Fontaine
Sämtliche Fabeln
Mit 255 Illustrationen
von Grandville
dtv 2353

Jakob Michael Reinhold
Lenz
Werke
Dramen, Prosa, Gedichte
dtv 2296

Stéphane Mallarmé
Sämtliche Dichtungen
Französisch und deutsch
dtv 2374

Klassische Autoren
in dtv-Gesamtausgaben

Sophie Mereau-Brentano
**Liebe und allenthalben
Liebe**
Werke und autobiographi-
sche Schriften
Herausgegeben, ausge-
wählt und kommentiert
von Katharina von
Hammerstein
3 Bände im Schuber
dtv 59032

Theodor Mommsen
Römische Geschichte
Vollständige Ausgabe in
8 Bänden
dtv 5955

Friedrich Nietzsche
Sämtliche Werke
Kritische Studienausgabe
in 15 Bänden
Herausgegeben von
Giorgio Colli und
Mazzino Montinari
dtv/de Gruyter 5977

Sämtliche Briefe
Kritische Studienausgabe
in 8 Bänden
Herausgegeben von
Giorgio Colli und
Mazzino Montinari
dtv/de Gruyter 5922

**Frühe Schriften
1854–1869**
BAW 1-5
Reprint in 5 Bänden
Kassettenausgabe
Nachdruck der Ausgabe
Friedrich Nietzsche:
Werke und Briefe
Historisch-kritische
Gesamtausgabe
Aus dem Französischen
übersetzt und mit einem
Nachwort versehen von
Thomas Eichhorn
dtv 59022

Arthur Rimbaud
Sämtliche Dichtungen
Zweisprachige Ausgabe
dtv 2399

Georg Trakl
Das dichterische Werk
Auf Grund der historisch-
kritischen Ausgabe von
Walther Killy und
Hans Szklenar
dtv 2163

François Villon
Sämtliche Werke
Französisch und deutsch
Herausgegeben und über-
setzt von Carl Fischer
dtv 2304

Deutsche Klassiker
Werke in einem Band
im dtv

**Annette von
Droste-Hülshoff**
Werke in einem Band
Herausgegeben von
Clemens Heselhaus
Balladen, Gedichte,
Erzählungen
dtv 2380

Eduard Mörike
Werke in einem Band
Herausgegeben von
Herbert G. Göpfert
Gedichte, Novellen,
Märchen, Gelegenheits-
schriften
dtv 2381

Joseph von Eichendorff
Werke in einem Band
Herausgegeben von
Wolfdietrich Rasch
Gedichte, Erzählungen
dtv 2382

Novalis
Werke in einem Band
Herausgegeben von
Hans Joachim Mähl und
Richard Samuel
Kommentiert von
Hans-Joachim Simm
unter Mitwirkung von
Agathe Jais
Jugendarbeiten, Gedichte,
Hymnen an die Nacht,
geistliche Lieder, Erzäh-
lung, Roman
dtv 2383

Theodor Storm
Werke in einem Band
Herausgegeben von
Peter Goldammer
Gedichte, Märchen,
Novellen, Schriften zur
Literatur
dtv 2384

dtv

Johann Wolfgang von Goethe
im dtv

Aller Anfang ist heiter
Ein Goethe-Brevier
Herausgegeben von
Heinz Friedrich
dtv 2285

**Die Wahlverwandt-
schaften**
dtv 2067
Buch zum Film
dtv 8401

Faust
Erster und zweiter Teil
dtv 12400

**Die Leiden des jungen
Werther**
dtv 12401

Italienische Reise
dtv 12402

**Wilhelm Meisters
Lehrjahre**
dtv 12404

**Werke
Hamburger Ausgabe**
in 14 Bänden
Herausgegeben von
Erich Trunz
dtv 5986

**Goethes Briefe und
Briefe an Goethe**
Hamburger Ausgabe in
6 Bänden
Herausgegeben von
Karl Robert Mandelkow
und Bodo Morawe
dtv 5917

**Goethes Werke
Nachtragsbände zur
Weimarer Ausgabe**
IV. Abteilung Briefe
Herausgegeben von
Paul Raabe
3 Bände
dtv 5911
gebunden: dtv 6131–6133

dtv

Heinrich von Kleist im dtv

»Was er mit unbeweglicher Miene vorbringt, sind
Neuigkeiten, unerhört; die Spannung, in der sie den
Leser halten, hat etwas unheimlich Spezifisches.«
Thomas Mann über Heinrich von Kleist

Sämtliche Werke und Briefe
in zwei Bänden
Herausgegeben von
Helmut Sembdner
dtv 5925

**Sämtliche Erzählungen
und Anekdoten**
Herausgegeben von
Helmut Sembdner
dtv 2033

**Heinrich von Kleists
Lebensspuren**
Dokumente und Berichte
der Zeitgenossen
Herausgegeben von
Helmut Sembdner
dtv 2391

**Heinrich von Kleists
Nachruhm**
Eine Wirkungsgeschichte
in Dokumenten
Herausgegeben von
Helmut Sembdner
dtv 2414

Philosophie für Anfänger
im dtv

Hilfreiche Wegbegleiter für den Einstieg
in eine faszinierende, aber nicht leicht
zugängliche Lektüre

Kant für Anfänger
Die Kritik der reinen Vernunft
Eine Lese-Einführung von Ralf Ludwig
Originalausgabe
dtv 4662

Kant für Anfänger
Der kategorische Imperativ
Eine Lese-Einführung von Ralf Ludwig
Originalausgabe
dtv 4663

Nietzsche für Anfänger
Also sprach Zarathustra
Eine Lese-Einführung von Rüdiger Schmidt
und Cord Spreckelsen
Originalausgabe
dtv 4664

Nietzsche für Anfänger
Die Geburt der Tragödie
Eine Lese-Einführung von Wiebrecht Ries
Originalausgabe
dtv 30637
(September)

Hegel für Anfänger
Phänomenologie des Geistes
Eine Lese-Einführung von Ralf Ludwig
Originalausgabe
dtv 4717